ORAISON FUNÈBRE

DE MONSEIGNEUR

ANTOINE-MATTHIAS-ALEXANDRE JAQUEMET

Évêque de Nantes

PRONONCÉE DANS L'ÉGLISE CATHÉDRALE

LE MERCREDI 19 JANVIER 1870

PAR M. L'ABBÉ PICAUD

Chanoine-honoraire, vice-official.

NANTES,

Mᵐᵉ Vᵉ C. MELLINET, IMPRIMEUR DE L'ÉVÊCHÉ,

Place du Pilori, 5.

1870

ORAISON FUNÈBRE

de Monseigneur

ANTOINE - MATTHIAS - ALEXANDRE JAQUEMET

ÉVÊQUE DE NANTES.

> « Mementote prepositorum vestrorum, quorum
> » intuentes exitum conversationis, imitamini
> » fidem. »
>
> « Souvenez-vous de ceux qui furent placés à
> » votre tête, et considérant la fin de leur vie,
> » imitez-les dans leur foi. »
>
> (HÉBR. XIII, 7.)

MONSEIGNEUR [1],

Etait-ce bien à moi d'élever aujourd'hui la voix dans cette enceinte? J'ignore l'art de bien dire et je porte le deuil d'un Père. — A ces deux titres, le silence convenait mieux à ma douleur comme à ma faiblesse. — La Providence en a décidé autrement; et je viens, en ce moment, vous entretenir de celui que nous avons perdu, à quelques pas de cette tombe qui naguère, sous nos yeux, s'est refermée sur lui, et tout près de cet autel où il montait jadis si imposant et si pieux.

---

[1] Mgr de la Hailandière.

C'est donc une main filiale et respectueuse qui va soulever devant vous les voiles que la mort a jetés sur son cercueil, pour replacer un instant, sous votre regard, sa vie toute entière. Vous dire que je le ferai avec les froids jugements de l'indifférence, je ne le puis. Toutefois, Mes Frères, ne redoutez pas les partialités de la tendresse. En venant offrir à votre attention et à vos hommages cette vie qui, j'aime à le penser, a mérité les complaisances miséricordieuses du regard divin, je n'obéis pas au désir de concilier à la mémoire de votre Evêque une vaine et trompeuse renommée. Du fond de sa tombe il me semblerait l'entendre m'en adresser des reproches. Ceux qui l'ont connu, en effet, savent qu'il n'aimait pas l'ostentation et le bruit. Mais *s'il est bon de taire les secrets du roi, il est honorable de révéler les œuvres de Dieu* (1). Je n'ai pas d'autre but en cette circonstance ; et Dieu dont je cherche la gloire gardera, je l'espère, mes lèvres fidèles à la vérité.

D'ailleurs, Mes Frères, vous êtes ici mes garants. J'ai vu, au jour des obsèques de votre premier Pasteur, ces magnificences de la mort que votre deuil étalait sur le passage du funèbre cortége, et où votre douleur cherchait je ne sais quelle consolation suprême, et j'ai compris, à n'en pouvoir douter, combien vous paraissait grande la perte que l'Eglise de Nantes venait de faire. J'ai vu, pendant trois jours, ces flots innombrables de fidèles qui s'approchaient avec attendrissement et vénération de ces restes bénis, et demandaient à leur contact cette vertu mystérieuse qui ne s'échappe que du corps des élus de Dieu ; et j'ai compris qu'à vos yeux cette mort avait été précédée d'une sainte vie. J'ai vu couler les pleurs de tous

(1) Tob., XII, 7.

ceux qui, à des titres divers, avaient mêlé leur vie à cette vie, et j'ai compris la place qu'elle occupait dans bien des cœurs ; et je me suis rassuré. La louange, appuyée sur ces témoignages, ne peut être ni une complaisance, ni une témérité. — Et voilà pourquoi je viens avec confiance rendre hommage à cette chère mémoire, et faire devant vous l'éloge d'Illustrissime et Révérendissime Père en Dieu, Mgr ANTOINE - MATTHIAS - ALEXANDRE JAQUEMET, Evêque de Nantes, assistant au Trône Pontifical.

J'essaierai de vous dire ce qu'il fut dans sa vie privée et intime, dans son diocèse et dans l'Eglise ; et, si Dieu vient en aide à ma faiblesse, cette louange suffira.

I.

L'Eglise de France respirait entre deux luttes. Son sang ne coulait plus. Pour panser ses blessures, une main accoutumée aux combats et à la victoire déposait un instant le glaive et signait le concordat.

Les temples se rouvraient à la foule des chrétiens fidèles que la hache révolutionnaire n'avait pas eu le temps de moissonner, et l'hymne d'actions de grâces montait de toutes parts vers les cieux.

Ce fut peu après cette époque, au milieu de ces joies et de ces espérances, qu'Antoine - Matthias - Alexandre Jaquemet naquit à Grenoble, le 6 septembre 1803.

Faut-il y voir un dessein spécial de la Providence ? A quelques années de distance, avant et après cette date, l'antique et noble cité devait recevoir dans ses murs deux Papes exilés et captifs ; et, jonchant leur chemin de fleurs, les accueillir l'un et l'autre en triomphe, comme on accueille un vainqueur ou plutôt un père, qui revient après une longue absence, dans une famille chérie. — En fixant sur cette terre fidèle la naissance de celui qui devait être un jour notre Evêque, Dieu voulait-il faire entendre que plus tard l'exilé de Gaëte pourrait sans crainte lui confier une portion choisie de son troupeau, et l'appeler du nom de frère : que dans cette frêle poitrine battrait, à défaut d'autre souffle, le souffle ardent de l'amour de l'Eglise et de l'amour de la Papauté, respiré pour ainsi dire en naissant : je n'en sais rien.

Toujours est-il qu'à ceux qui disaient à sa mère, en le voyant si chétif, qu'il ne pourrait pas vivre et qu'elle aurait tort de s'attacher à lui, elle répondait avec assurance : *Vous vous trompez. Il vivra pour la gloire de Dieu et le bonheur de sa famille.*

La confiance en Marie était, sans doute, le gage de ces espérances presque prophétiques d'une mère. L'enfant avait tressailli dans son sein, aux approches de l'autel de Dieu, le jour même où l'Eglise célèbre la fête de la Visitation de la Très-Sainte Vierge; et, à ce moment, par une inspiration soudaine, elle l'avait consacré à la Reine du ciel. C'était mettre en bonnes mains ses destinées, et nul doute que sa seconde mère ne veille désormais sur lui, et ne le conduise, guide invisible, dans toutes les voies que la divine Providence ouvrira devant lui.

Suivons nous-mêmes ses premiers pas.

Le chef de sa famille, remplissant des fonctions dans une administration financière, subissait les exigences de cette situation, et ne pouvait pas, à son gré, se fixer longtemps dans un même lieu. Alexandre Jaquemet était au berceau encore, lorsqu'il fut transplanté bien loin de ce beau ciel du Midi qui l'avait vu naître, et dix années de son enfance s'écoulèrent sur le sol de la Belgique, terre française alors. Ce fut là qu'il commença le cours de ses études classiques ; puis il vint, avec sa famille, habiter à Saint-Jean-d'Angély, où il fut placé au Petit-Séminaire, pour y continuer son instruction.

Délicieuses prémices de la vie, années pures et charmantes, qui s'épanouissent, comme les fleurs au soleil, d'abord sous l'œil d'une mère, et plus tard sous le regard de ces maîtres auxquels la sainte Eglise donne le cœur et souvent le nom de Pères, qu'il serait doux de vous voir refleurir tout entières, dans les souvenirs de cette belle vie, dont nous verrons un jour le plein développement !

Cette joie nous est en partie refusée ; mais, après tout, qu'importe ? La fleur épanouie n'a pas des beautés et des parfums d'une autre nature que ces beautés et ces parfums qui s'élaborent lentement sous l'enveloppe fermée ou à peine entr'ouverte de son calice. Et ce que nous connaissons de notre Evêque, dans les années de sa maturité, nous permettrait de deviner ce qu'il fut dans les années de sa jeunesse et de son enfance.

Ne perdons rien pourtant de ce que la Providence veut bien nous laisser entrevoir dans un passé déjà trop loin de nous. Cette jeune plante, si faible sur sa tige, reçut la principale culture des mains d'un homme éminent et d'un maître dévoué autant qu'habile, M. l'abbé Maréchal, dont le nom n'est pas inconnu parmi nous. Dans cette cité même, des mémoires doublement fidèles pourraient dire quelle puissante et durable impulsion ce prêtre vénérable savait donner aux facultés naissantes des âmes qu'il avait à former. Or, ces facultés, dans l'âme d'Alexandre Jaquemet, n'étaient pas des facultés communes. Dans une famille où la distinction de l'esprit semble se transmettre en héritage, sans jamais se séparer de la vertu, la précocité d'intelligence du petit Alexandre était remarquée. Ces qualités naturelles, cette culture habile et dévouée devaient lui assurer, dans les luttes classiques, de brillants succès : il les obtint.

Chose surprenante, dans cet âge si tendre, cet enfant délicat, de médiocre stature, spirituel, enjoué, vif à l'extrême par tempérament, ses maîtres, comme ses condisciples, ressentaient pour lui du *respect*. Etait-ce sur son front, ce double rayon de l'âme, qui se compose de doctrine et de pureté? Etait-ce dans son regard, dans son maintien, dans ses habitudes, dans sa parole, comme un reflet anticipé du sacerdoce, auquel aspirait déjà son âme si naturellement sacerdotale? Il y avait de tout cela, sans doute, dans le jeune et brillant élève de Saint-Jean-d'Angély, dans ce pieux enfant de la très-sainte Vierge, doublement consacré à cette Reine du ciel, autrefois par sa mère, aujourd'hui par le choix de son cœur.

Aussi sa famille ne put-elle être surprise, lorsqu'à la fin de ses humanités, à peine âgé de seize ans, il manifesta la volonté d'entrer au Séminaire de Saint-Sulpice, pour s'y préparer aux saints Ordres.

Son jeune âge, sa frêle santé, les désirs et les conseils de ses parents et de ses maîtres amenèrent un délai d'un an.

Enfin il est libre d'obéir à l'attrait qui le sollicite. Il part, il suit le cours de philosophie dans cette maison d'Issy où tant de souvenirs délicieux pour la piété laissent à peine quelque place, dans l'âme, à des souvenirs historiques qui ne sont pourtant pas sans intérêt et sans charme. Il parcourt, pendant six années, à Paris, les austères sentiers de la théologie, et, guidé par le docte M. Carrière, qui l'a pris en affection, il en aborde d'un pas ferme les plus hauts sommets. Ces travaux, néanmoins, ne suffisent pas à l'activité de son esprit, et il faut un aliment à son cœur.

On l'appelle donc à faire partie de ces admirables catéchismes de la paroisse de Saint-Sulpice, qui ont depuis servi de modèle à tant d'autres.

Ainsi préparé au sacerdoce par les méditations de la science et les exercices de la piété et du zèle, il voit alors combler le plus ardent de ses désirs : il est prêtre. Il monte pour la première fois au saint autel, le jour de la fête de l'Assomption, et il quitte le Séminaire.

Tour à tour préfet des études dans la Maison des Clercs de la Chapelle du Roi ; retiré, pendant un an, à Bordeaux , dans la famille de sa plus jeune sœur, après les événements de 1830 ; rappelé ensuite par Mgr Bernet dans le diocèse de la Rochelle, auquel il était agrégé ; nommé successivement, par son Evêque, professeur de théologie dogmatique au Grand-Séminaire, chanoine théologal, aumônier des Dames-Blanches, membre du Conseil épiscopal, il s'emploie avec zèle et succès à ces fonctions diverses, jusqu'à ce que les circonstances l'appellent à remplir ailleurs des fonctions plus hautes, mais toujours transitoires. Dieu le conduit ainsi par des voies multiples, incertaines en apparence et souvent brisées. Dans ces vicissitudes que la Providence impose à son existence, où va-t-il ? Il ne le sait pas. Il sait seulement que cette Providence maternelle a ses desseins toujours sages, et, comme il le fait entendre un jour à son plus jeune frère, ces desseins, il ne veut pas les connaître, sinon quand il plaira au divin Maître de les lui manifester, ici-bas peut-être, au ciel du moins où se dit toujours le dernier mot de toutes choses.

En attendant que la Providence ait prononcé ce mot révélateur, semblable à l'abeille industrieuse, et dans ces conditions variées, dans l'activité comme dans les loisirs studieux, ou dans le repos réparateur auquel il sera de temps en temps condamné, avec un sûr instinct et un discernement merveilleux, il recueillera comme le suc de toutes choses et s'appropriera ce qu'elles renferment de meilleur et de plus utile pour son instruction et sa formation, sans trop s'arrêter aux accessoires; et, par l'action combinée des dons de la nature et du secours de la grâce, des bienfaits de l'éducation et de l'influence des circonstances, il arrivera à se composer ces trésors de l'esprit et du cœur, des formes et du langage, qu'il a mis en œuvre parmi nous et dont l'ensemble attirait et imposait à la fois.

Que de choses il y aurait à dire ici de cet esprit modeste et distingué, fin et délicat, étendu et subtil, où la vivacité se joignait à la sûreté ; difficile à prendre au dépourvu sur les choses qu'il lui convenait de connaître, prompt à saisir ce qui lui était étranger ! Ornée de littérature et de poésie, sans jamais en faire parade, sa mémoire était surtout enrichie de tous les grands souvenirs de l'histoire, et lui fournissait à point nommé, dans un récit, avec une étonnante précision, les détails les plus inattendus et les plus exacts sur les époques, les faits et les hommes.

Tant que la maladie ne l'eût pas condamné à un silence presque continuel, sa conversation enjouée ou sérieuse, toujours digne et pleine de convenance, intéressait ou faisait sourire, sans jamais blesser en rien le bon ton ou la charité.

Il aimait d'ailleurs plus à écouter qu'à parler, témoignait un intérêt bienveillant à ce qui était dit par d'autres, et le respect inspiré par sa présence n'allait pas jusqu'à mettre obstacle à l'expansion et à une douce gaîté.

Que dire de son cœur, que la nature et la grâce avaient comme pétri d'énergie et de sensibilité ? *Doleo et amo*, écrira-t-il un jour dans ses notes de retraites —

Je souffre et j'aime. Tout son cœur, je crois, était là. Puissant à aimer, puissant à souffrir, puissant à concentrer ses propres souffrances pour consoler ceux qui souffraient et s'approprier leurs douleurs.

Ah! je le sais. Il n'avait pas la surabondance des paroles et la profusion des témoignages extérieurs. La puissance d'expansion est quelquefois en raison inverse de l'énergie des sentiments intimes. Mais quand il s'agissait de laisser tomber de ses lèvres ou de sa plume un de ces mots de bonté ravissante ou de suave tendresse qui guérissent, comme par enchantement, une âme blessée, en vérité je suis tenté de dire qu'il n'avait pas d'égal.

C'est dans ces courtes paroles, accompagnées d'un doux sourire, c'est dans ces lettres toutes pleines des expressions les plus affectueuses que son cœur aimant se révélait.

Ne soyons donc pas étonnés, Mes Frères, si, malgré une certaine réserve apparente, ce cœur suscita autour de lui des amitiés ardentes et fidèles. Sa jeunesse ecclésiastique et son âge mûr le mirent en relation avec des condisciples ou des prêtres qui ont occupé depuis des postes divers dans la hiérarchie sacrée. Les nommer serait nommer des hommes que l'Église de France a comptés ou compte encore parmi ses membres les plus éminents et les plus vénérés. Ceux qui lui ont survécu ont pleuré sa mort ; et leurs lettres resteront avec celles d'amis plus récents, mais non moins dévoués et non moins illustres, comme un hommage attendri et tout spontané à la mémoire de celui qui fut notre Père, et un témoignage non équivoque des vives affections qu'il avait su mériter.

Lui aussi, hélas! avant d'être pleuré, il avait eu à pleurer sur de saintes amitiés que l'infatigable mort était venue successivement briser. Lui, le plus faible de tous, et à peine moins âgé que plusieurs d'entre eux, il se vit ravir, l'un après l'autre, des amis comme M. de Courson, M. Vrignaud, M. Féret, M. Dandé. Qu'on lise les lettres émues par lesquelles il annonçait à son diocèse la mort de ces hommes vénérés, et qu'on nous dise si ce cœur savait sentir et aimer.

N'est-ce pas cette inclination sympathique de son cœur qui lui inspira, une fois Evêque, et séparé de sa famille selon le sang par la double consécration du sacerdoce et de l'épiscopat, de se créer une famille selon l'esprit ?

Ceux qui ont eu l'honneur d'en faire partie peuvent dire quel désir il avait de leur être agréable et de leur faire aimer sa commensalité ; d'éviter ce qui pouvait leur être à charge, même lorsque, dans ces dernières années, l'état de sa santé lui aurait donné le droit de demander davantage. Ils se rappelleront toujours combien, dans ses rapports avec eux, il fut doux en exerçant l'autorité, paternel dans le commandement, modeste dans ses exigences, d'une familiarité confiante, d'une indulgence presque sans bornes, d'une rare patience et sérénité ; mais ce qu'ils n'oublieront jamais surtout, c'est le désir ardent qu'il avait de les sanctifier et de se sanctifier avec eux.

Fidèle aux exemples et aux leçons qu'il avait reçus, dans les années de sa jeunesse cléricale, de ces prêtres de Saint-Sulpice dont il parla toujours avec tant de respect, d'amour et de reconnaissance, il voulut en faire la règle de sa vie et de la vie de sa famille spirituelle, dans la demeure épiscopale.

Aussi longtemps que sa santé lui permit de séjourner à la ville, chaque jour, non-seulement on s'asseyait à une table commune, mais chaque jour encore on faisait en commun l'examen particulier, la lecture spirituelle, la prière du soir, après laquelle il prenait congé des siens en les bénissant avec cette croix de l'Archevêque martyr qu'il portait toujours sur son cœur et qu'il leur donnait à baiser. Chaque mois, on faisait ensemble les exercices de la retraite du mois. Et, dans ce qui ne pouvait être commun, ses exemples indiquaient à tous la voie qu'ils avaient à suivre pour arriver à la sainteté.

Quelles vertus ne lui vit-on pas pratiquer ?

Sa foi était ardente. Elle imprégnait tout son langage, dictait ses jugements, inspirait sa conduite. Ce n'était pas seulement une conviction, c'était une impression vive et profonde, qui, dans les grands actes de la religion, mais surtout dans les fonctions du sacerdoce et de l'épiscopat, le pénétrait de respect, d'émotion, quelquefois d'une sorte de terreur.

Elle avait en lui cet épanouissement surnaturel, qui est comme la parure de toute âme vraiment catholique, la piété, dans ses deux manifestations les plus belles et les plus délicieuses, la dévotion envers Jésus dans l'Eucharistie et la dévotion à Marie.

On ne le vit jamais manquer à sa visite au Saint Sacrement. Il y passait volontiers des temps considérables, dans cette petite chapelle de sa maison de campagne, si froide dans la mauvaise saison, que les plus robustes y avaient à souffrir. Pour lui, il semblait ne pas s'en apercevoir. Il aimait à y réciter son bréviaire et à y faire sa lecture. Durant un assez long espace de temps, à Nantes, le premier vendredi de chaque mois, alors que la nuit étant venue, les portes du vaste temple étant fermées, la lampe du sanctuaire veillait seule devant le tabernacle, il conduisit les siens aux pieds du Dieu caché de nos autels, et là, pendant une heure, il priait, il méditait, il adorait avec eux.

Toute filiale était sa dévotion envers Marie. Le chapelet

était souvent entre ses doigts, et l'image de la Très-Sainte Vierge était constamment sous son regard, dans sa chambre, dans son cabinet de travail, et, pendant les courses pastorales, jusque dans sa voiture, où il avait, suspendue devant ses yeux, une peinture sur émail, ayant appartenu au saint Évêque de Genève, et représentant Marie avec Jésus entre ses bras.

Déjà nous avons dit un mot de sa charité. Nous ne pouvons nous empêcher d'en parler encore ici.

Avant que la continuité de ses souffrances et l'affaiblissement graduel de ses forces eût éteint en lui presque toute expansion extérieure, il aimait ce qui pouvait répandre dans ses réunions intimes une douce et aimable gaîté; et nul n'était plus à même d'y contribuer. Dans la diversité des situations que la Providence lui avait faites, il avait beaucoup vu, et, doué d'une mémoire fidèle et d'un esprit observateur, sans nul doute il était riche en souvenirs. C'est en vain néanmoins qu'on eût cherché dans sa conversation des mots, des traits, des révélations qui fussent de nature à offenser la mémoire des morts ou à blesser les égards dus aux vivants. La louange venait sur ses lèvres plus aisément que la critique, et il eût plutôt réprimé qu'encouragé toute saillie tant soit peu maligne, qu'on se fût permis, par surprise, de laisser échapper devant lui.

Et, cependant, il évitait avec un soin extrême de rien dire de désobligeant, même à ceux qui n'auraient pas eu la même délicatesse pour autrui; et maintes fois, quand il avait entendu ou remarqué quelque chose de répréhensible, il aimait mieux qu'on fût amené par les circonstances à s'en apercevoir soi-même, que de faire de la peine en le signalant directement.

Ce qu'il y avait dans cette manière d'agir de véritable esprit d'humilité et de mortification chrétiennes, quiconque a étudié la nature humaine, sur le terrain de son propre cœur, le reconnaîtra aisément.

J'ai prononcé le mot de mortification. Cette mortification toute intérieure n'excluait pas dans votre Evêque la mortification des sens. Il la conseillait aux autres, et l'usage même des instruments de pénitence ne lui paraissait pas une pratique surannée. Comme pour son prédécesseur, le crucifix était pour lui un spectacle auquel il demandait sans cesse des émotions nouvelles, et il affectionnait le Chemin de la croix. Obligé par sa frêle constitution à une foule de ménagements, on peut dire que, ces ménagements exceptés, il se retranchait tout ce qu'il pouvait se retrancher, et ceux qui l'ont vu de près savent jusqu'à quel point il était étranger à toute recherche de la sensualité.

Pourtant, avouons-le, il aimait les fleurs ; et, sans en aspirer le parfum, il ne se défendait pas de réjouir ses yeux au spectacle de leurs multiples et délicates beautés; mais le disciple bien-aimé de Jésus ne se complaisait-il pas à caresser du regard et de la main un paisible et innocent oiseau ; et reprocherons-nous à cette âme assidue à tant de sévères labeurs, de prendre de temps en temps quelques repos dans la contemplation des fleurs, dont les grâces fragiles et les beautés d'un jour lui servaient à élever sa pensée vers la beauté éternelle et souveraine du Dieu qui les avait créées ?

Dieu, du reste, à mesure que son serviteur avança dans la vie, se plut à faire naître sous ses pas d'autres fleurs, les fleurs du Calvaire, aux âpres senteurs, qui s'appellent les épreuves et les souffrances de l'âme et du corps. — Ce qu'il y eut pour lui de douloureux et d'amer, pendant ces dix dernières années de son épiscopat, où, à part le travail aride et sans relâche de l'administration, il dut renoncer peu à peu à tout ce qui pouvait dilater son cœur et rafraîchir son âme, Dieu seul le sait bien.

Pourtant il nous est permis d'en entrevoir quelque chose dans les notes intimes que notre Evêque nous a laissées. Rien n'est touchant comme les sentiments qui les remplissent. C'est une impression profonde du mystère de la croix et un désir ardent d'y pénétrer plus avant : « J'en ai goûté les fruits, écrit-il ; mais l'amour prodigieux de Notre Seigneur et des Saints pour les souffrances est encore pour moi un mystère caché. Je demande fréquemment à Notre Seigneur de lever les sceaux de ce livre sacré. *Da quod jubes* et *jube quod vis*. — Faites-moi comprendre, aidez ma volonté et je vous suivrai. »

C'est une soumission sans bornes à la volonté de Dieu, et un besoin d'expiation pour ses péchés qui nous confond dans une vie comme la sienne : « Adhérer avec amour en esprit d'expiation pour mes péchés et ceux de mon peuple à la justice de Dieu qui s'exerce sur moi, écrit-il encore — *Doleo* et *Amo*. Expiation et amour. » — Et ailleurs : « Dans les cérémonies de la consécration épiscopale, j'ai répondu à beaucoup de questions : *Volo. Je veux.* Maintenant, à la fin de mon épiscopat, Notre Seigneur m'envoie la privation et la souffrance, et il me demande : veux-tu, après avoir agi, souffrir avec moi... pour l'expiation de tes péchés? Je dois répéter sans cesse : « *Volo.* Oh! oui, Jésus, *volo, volo. Je veux, je veux.* »

Il veut, et, avec la grâce de Dieu, comme en toutes choses il veut bien. Dans la souffrance et l'épuisement, il est toujours empressé au labeur, appliqué à sa tâche, depuis l'heure de son lever jusqu'à celle de son coucher, sans même se reposer dans les instants qui suivent son modeste repas. A la fin du jour, il est vrai, la pauvre nature est bien brisée. « Dieu me donne chaque matin, dit-il, assez de forces pour aller jusqu'au soir. » Et chaque jour, en effet, avec la même activité d'esprit et la même vivacité de conception, il reprendra la tâche de la veille, jusqu'au jour de l'éternel repos.

II.

Tel est l'homme avec ses apparences fragiles, son esprit vigoureux et délié, son cœur tendre, sa foi vive, sa piété profonde, sa puissante activité intellectuelle, sa forte volonté. Assez longtemps nous l'avons contemplé dans sa vie privée et intime. Il faut, maintenant, monter plus haut, gravir ensemble les marches du temple, si je puis appeler ainsi une vie où partout nous trouvons Dieu. Il faut le contempler dans les régions plus élevées de la vie publique, et le voir à l'œuvre, pendant un épiscopat de vingt ans, dans le gouvernement de ce beau diocèse de Nantes, que Jésus - Christ et son Vicaire lui avaient confié.

Nous avons vu que Dieu, à qui appartient le secret de nos destinées, s'était plu à conduire Mgr Jaquemet par des voies comme incertaines, qui dérobaient à son regard le but vers lequel il était mené ; mais c'était pour l'y préparer plus parfaitement.

Vous souvenez-vous, Monseigneur, de ce jour où, à Nantes, avec deux jeunes amis, dont l'un fut depuis l'Evêque de Metz, vous remontiez, sur une petite barque, le cours de cette rivière de l'Erdre, dont les flots paisibles semblent dormir entre ses bords enchanteurs ? Le charme d'une excursion joyeuse ne vous empêchait pas de penser à un ami absent, et bientôt quelques lignes affectueuses allaient lui porter au loin et le récit de vos innocents plaisirs et le regret de les avoir goûtés sans lui.

Mystérieuse coïncidence ménagée par Celui qui voit d'un même coup-d'œil et le présent et l'avenir. Vous ignoriez alors que cet ami absent, l'abbé Jaquemet, car c'était lui, serait plus tard le pilote de cette nef mystique qui porte au ciel et sur la terre le nom de l'Eglise de Nantes.

Avant qu'il en prît le gouvernail, et afin qu'il le pût tenir d'une main ferme et expérimentée, Dieu avait voulu qu'il s'initiât ailleurs à cette science difficile.

Mgr Bernet, qui fut depuis décoré de la pourpre, transféré par le Saint-Siége au gouvernement de l'Eglise d'Aix, désira que le jeune théologal de la Rochelle le suivît, dans son nouveau diocèse, et lui prêtât, comme vicaire général, l'appui de sa sagesse précoce. La Provence garde encore le souvenir des cinq années qu'il y passa ; mais sa faible santé s'altéra sous ce climat brûlant et il dut une fois de plus chercher un peu de repos dans sa famille.

Il n'y goûta pas longtemps les charmes du recueillement, et de loisirs utiles, que l'archevêque de Bordeaux ne voulut pas laisser sans honneur, et dont le Père Lacordaire, prêchant alors une station, dans cette ville, venait souvent réclamer sa part.

Depuis deux ans archevêque de Paris, Mgr Affre l'appela près de lui, pour lui confier, dans un poste aussi élevé que périlleux, ces fonctions de vicaire général, qu'il avait si dignement remplies dans la métropole de la Provence.

Ce qu'il mit au service de l'illustre archevêque d'expérience et d'habileté, de souplesse et de flexibilité d'esprit,

de calme et de circonspection vigilante, de fermeté
mesurée et sage, dans les attributions délicates et difficiles
qui lui furent données ; ce qu'il prit de part aux actes
nombreux et importants de cette grande et noble vie ; et
aussi ce qu'il put apprendre à l'école de ce docte Pontife,
qu'un ministre de la Restauration songeait à nommer,
tout jeune prêtre, au Conseil d'Etat ; ce qu'il put retenir
pour lui-même des exemples d'un Prélat aux franches et
fières allures, qui, sans s'écarter du respect dû aux
majestés d'ici-bas, ne consentit jamais, même en leur
présence, à tenir la vérité captive : nous pourrions peut-
être l'étudier avec intérêt.

Mais la grandeur unique de l'évènement qui termine cet
épiscopat domine et couvre tout ce qui a précédé.

La pensée n'est plus libre ; et tous les autres souvenirs
sont comme forcés de s'effacer devant celui-là.

Au bruit de la guerre civile, et aux cris des victimes
qui, de quelque côté qu'elles succombent, sont également
ses enfants, l'archevêque s'est levé pour aller porter des
paroles de réconciliation et de paix. Mais là encore il
était dans les desseins éternels qu'un seul mourût pour
le salut de tous. L'archevêque tomba, blessé à mort, et
son sang fut le dernier versé.

L'histoire le dira ; mais l'histoire dira aussi que
l'archevêque martyr ne marchait pas seul en ce jour ; et
que, des deux vicaires généraux qui se tenaient à ses
côtés, l'un, M. l'abbé Jaquemet, ne dut qu'à une pro-
tection plus spéciale de la Providence de n'avoir pas été
victime comme lui. Du moins ce ne fut pas faute d'avoir
généreusement exposé sa vie, et, autant qu'il le put, il
s'approcha de la mort (1).

____

(1) Philipp. ii. 30.

Il y a quelques mois à peine, notre Evêque pour la première fois fut forcé de prendre la plume et de le raconter lui-même. Dans quelles circonstances, vous le savez ! Avec quel calme, quelle sérénité, quelle modestie, quelle absence de toute amertume, vous le savez aussi ! On n'a pas vu mourir un martyr sans avoir appris à pardonner.

Le jour où tomba l'Archevêque, sa main mourante mit dans la main de son compagnon d'héroïsme son anneau pastoral et sa croix ensanglantée. C'étaient les insignes de l'épiscopat, c'était le secret de Dieu, entrevu peut-être par la victime expirante, qui commençait à se révéler. Encore quelques mois et ce secret sera dévoilé pleinement.

Le vénérable Evêque de Nantes, Mgr de Hercé, sentait ses forces chanceler sous le poids de l'âge. — Il demanda un successeur, et grâce aux actives démarches de M. l'abbé Vrignaud, l'un de ses grands-vicaires, il obtint du Pouvoir exécutif que ce successeur serait le courageux vicaire-général de Mgr Affre, M. l'abbé Jaquemet.

Avec quelle joie le vieil Evêque salue son héroïque successeur ! « Vous arrivez, Monseigneur, lui écrit-il, entouré de cette auréole dont vous a couronné votre belle conduite à côté de votre saint Prélat et on s'est écrié : c'est Dieu qui l'a nommé. » Avec quelle confiance il le présente, de son lit de mort, à ses bien-aimés diocésains ! Avec quelle reconnaissance émue, enthousiaste, les vicaires capitulaires l'annoncent au fidèle peuple de Nantes, en ordonnant des prières pour le repos de l'âme de celui qui l'avait choisi : « C'est le dernier bienfait de son épiscopat, c'est le testament de son amour. Et quel plus magnifique présent pouvait-il faire » à son diocèse ?

Hélas, celui qui faisait ce don ne devait pas le voir de

ses yeux ! Pie IX venait de prendre le chemin de l'exil, et c'est le 2 avril de l'année suivante, seulement, que le Pontife réfugié à Gaële, put préconiser le nouvel Evêque de Nantes, fils bien-aimé, engendré dans ses fers, et recevant de Pie IX, après l'avoir reçu de Mgr Affre, le grand enseignement de la fermeté dans le sacrifice.

Maintenant donc il peut avec confiance offrir ses mains et son front à l'onction sainte. Il ne s'est pas arrogé cet honneur de l'épiscopat par des désirs ou des sollicitations téméraires.

Dieu l'y a appelé, par la voix de tout un peuple interprétant le dernier acte d'un martyr, par les supplications d'un Evêque mourant et par le commandement du chef suprême de l'Eglise. Ce n'est pas lui qui s'est glorifié ; *mais c'est bien Dieu qui l'a nommé.*

Malgré cela, il se trouble et il hésite. Il hésite à mesure qu'approche le jour saint et solennel de la consécration épiscopale. Et, après avoir reçu l'onction, il hésite encore, tant est grande sa défiance de lui-même, tant est vive l'impression qui le pénètre et le fait tressaillir à l'aspect de la dignité sublime et des redoutables devoirs de l'épiscopat.

Enfin, il se redresse sous son fardeau sacré. Il vient vers nous, au nom du Seigneur, en qui il met son appui. Combien douce et pacifique est son entrée ! La devise qu'il a recueillie des lèvres de son Archevêque et qu'il a inscrite dans ses armes, après l'avoir gravée dans son cœur, nous dit ce qu'il veut être pour nous. Ce n'est pas un roi ou un maître, c'est un Père, c'est un Pasteur, résolu à l'exemple du divin Pasteur, à donner sa vie pour ses brebis.

L'a-t-il fait ? Je réponds sans crainte : sa devise résume son épiscopat. Son épiscopat, c'est sa vie, ou, pour suivre de plus près le texte sacré , c'est son âme se donnant tout entière à ses diocésains.

Dans les premières années de cet épiscopat, à la vue de cette organisation si frêle, qu'un souffle semblait capable de la briser, on disait de lui, trop ingénieusement peut-être : « Monseigneur l'Evêque de Nantes, ce n'est pas un corps, c'est une âme. » Laissez-moi, Mes Frères, m'emparer de ce mot et l'élevant à une signification plus haute , vous dire à mon tour : une âme ! Si vous entendez par là une intelligence puissante , un amour fort et dévoué , une activité infatigable et une énergie incapable de défaillance , dans un corps toujours épuisé et défaillant, oui, votre Evêque, c'était une âme , une grande âme ; et c'est cette âme qu'il a mise à votre service.

Cette âme , comme elle se livre à nous , comme elle respire et comme elle frémit dans cette lettre pastorale qu'il écrit à son diocèse , au milieu même des émotions de son sacre. Comme elle embrasse toutes les âmes dans son immatérielle étreinte ! Puis, quand elle s'est définitivement unie à nous , comme cette âme n'est plus seulement son âme, mais notre âme, l'âme de ce grand corps qu'on appelle dans l'Eglise catholique un diocèse, l'animant, le vivifiant, le fortifiant, le protégeant contre tout dépérissement , contre toute atteinte funeste , entretenant en lui et vigueur et beauté !

La vie d'un diocèse se compose d'un double élément, la vie matérielle et la vie spirituelle. Inégales en dignité et en importance , elles sont pourtant inséparables et toutes deux réclament à des degrés divers les soins et la sollicitude d'un Pasteur digne de ce nom.

Votre Evêque ne le méconnut pas. Par son impulsion, ses encouragements, ses conseils , l'ordre, la régularité, la prévoyance, s'introduisirent de plus en plus dans l'administration temporelle des paroisses. Les grands et nombreux intérêts qui s'y rattachent furent efficacement procurés, protégés, développés. L'accomplissement fidèle des obligations perpétuelles ou temporaires, qui s'y trouvent souvent unies, fut assuré et garanti pour l'avenir par les précautions les plus sages. Les charges pieuses et les droits utiles légués par les siècles antérieurs, et dont les vicissitudes des temps avaient pu affaiblir et même éteindre la mémoire, ou suspendre l'exercice, furent recherchés jusque dans un passé reculé, et rétablis suivant les règles de l'Eglise et les lois d'une parfaite équité ; puis mis en garde contre un nouvel oubli, avec toutes les traditions, les titres, les souvenirs locaux, dans ces précieuses archives des paroisses dont il recommanda toujours si fortement la formation.

Des résultats de cette sollicitude éclairée et constante appliquée à l'ordre matériel plusieurs demeureront obscurs ou complètement ignorés du grand nombre ; mais il en est qui frappent tous les regards, et puis-je ne pas les rappeler ici ?

Prêtres et pasteurs du diocèse de Nantes, si vos presbytères vous offrent aujourd'hui une demeure moins incommode et plus décente que celle dont votre désintéressement et votre modestie savaient le plus souvent se contenter, n'est-ce pas aux inspirations de sa charité, quelquefois aux injonctions affectueuses de sa paternelle sollicitude que vous le devez ?

Et si le sol de ce beau diocèse, comme on l'a si bien dit déjà, a vu s'élever dans les villes comme dans les campagnes tant de magnifiques églises, monuments gracieux ou grandioses, lui formant comme une indestructible parure dont il s'est couvert pour des siècles, ne peut-on pas, dans une large mesure, en attribuer aussi la gloire à votre Evêque ?

Là , sans doute, il n'avait pas besoin de stimuler votre zèle, ou de réchauffer votre ardeur ; mais dites si les appels de sa foi, si la direction de son expérience , si l'appui persévérant de ses sympathies et de son autorité, et le concours de son intervention bienveillante autant qu'efficace, n'ont pas doublé votre élan, aplani les obstacles, multiplié les moyens et rendu non-seulement possible , mais souvent aisée, la réalisation de ces entreprises hardies, devant lesquelles des âmes non dépourvues de courage eussent été d'abord tentées de reculer.

Ah ! je le sais, il en est qui ne lui en feront, ni à lui ni à vous, un titre à la reconnaissance et à l'honneur. A quoi bon des temples, disent-ils ? L'univers n'est-il pas un temple érigé par la main de Dieu même à son éternelle Majesté ? Ceux qui parlent ainsi ne savent pas, ou ils ont oublié que nous, enfants de l'Eglise catholique, nous avons l'attrait et le devoir de la prière commune, et le temple en est l'asile. Ils ne savent pas, ou ils ont oublié que nous avons le trésor des Sacrements , et le temple est le lieu béni où ce trésor est dispensé. Ils ne savent pas, ou ils ont oublié que nous avons l'Eucharistie, et que le temple est le palais sacré où le Dieu de nos tabernacles daigne résider nuit et jour.

S'ils se plaignent que ces temples soient trop splendides, et s'ils nous disent que Dieu n'a nul souci de ces somptueuses demeures : qu'un toit de chaume vaut pour lui les voûtes de nos basiliques, nous n'essaierons pas d'y contredire ; mais nous répondrons que si Dieu n'a pas besoin de ces magnificences, nous, nous en avons besoin.

Nous croyons et notre foi a besoin d'éclater dans ces affirmations solennelles. Nous aimons, et notre amour ne fait pas tous ces froids calculs, et sa joie est de prodiguer. Nous adorons, et nous voulons multiplier sous toutes formes nos adorations et nos hommages, afin de leur donner quelque proportion avec Celui qui est l'objet divin de ces hommages et de ces adorations.

Puis, à leur tour aussi, notre foi, notre amour et nos adorations se fortifient et s'exaltent au spectacle de ces splendeurs de la pierre et du marbre, de l'argent et de l'or, de ces richesses de la nature et de l'art, offertes par nous au Créateur, et qui nous rendent comme un reflet de Sa Majesté sainte : et ainsi ces magnificences de notre culte sont tout à la fois effet et cause, signe matériel, et visible témoignage d'invisibles et toutes spirituelles réalités.

C'est parce qu'il l'avait compris, que notre Evêque ne cessa, par ses discours et ses exhortations, dans les tournées pastorales, par ses mandements, par ses sacrifices personnels, de favoriser cette œuvre de l'agrandissement, de la restauration, de la reconstruction de nos sanctuaires et de nos églises.

Les travaux longtemps suspendus de l'église cathédrale furent enfin repris, grâce à ses sollicitations persévérantes, et tout nous fait espérer qu'ils ne s'arrêteront plus. L'entrée du vieux temple s'embellit de statues nombreuses d'une remarquable exécution, dont notre vénérable Prélat faisait lui-même généreusement les frais. En même temps, sur tous les points du diocèse, on se mit avec ardeur à la tâche; et aujourd'hui, par le dévouement infatigable du clergé, par la libéralité des fidèles, et, disons-le, par le large concours de l'Etat, l'œuvre est pour ainsi dire accomplie : grande et belle assurément, et telle, on peut le prédire, que les siècles qui viendront après le nôtre auront peine à ne pas l'admirer.

J'entends ici une dernière objection. Les pauvres, dans cette prodigalité dont on se fait gloire pour les monuments du culte, les pauvres, y a-t-on pensé ? Mes

Frères, cette préoccupation n'est pas d'hier. Pourquoi cette inutile profusion, disait le disciple cupide qui devait bientôt vendre son maître pour trente deniers? On aurait pu tirer un grand prix de ce parfum et de ce vase d'albâtre et le distribuer en aumônes?

Rassurons-nous, Mes Frères, les pauvres, votre Evêque avait trop véritablement le cœur d'un Pasteur et d'un Père pour les oublier. Il donnait avec munificence, jusqu'à effrayer parfois les confidents nécessaires de quelques-unes de ses charités; mais il donnait sans bruit et en vue de Dieu seul; et les établissements de bienfaisance, et les dispensaires, et ces malheureux de tout nom et de tout rang que secourait sa compassion, avaient seuls le secret de ce qu'il faisait pour eux. Que de fois, dans le cours de son épiscopat, n'éleva-t-il pas la voix en faveur des membres souffrants de Jésus-Christ! Les pages qu'il écrivit pour plaider leur cause et les recommander à ceux qui pouvaient venir en aide à leur détresse, resteront parmi les plus touchantes qu'il nous ait laissées.

Ainsi, Mes Frères, Evêque et clergé, s'inspirant d'une même pensée, c'était, d'une part, toute activité laborieuse encouragée, et un noble salaire offert à ceux qui ont la force nécessaire pour le gagner: c'était, d'autre part, toute faiblesse aidée, autant qu'il est humainement possible, et les libéralités de l'aumône affectueuse et chrétienne versées à ceux qui ne peuvent plus rien pour eux-mêmes. C'était la pratique sans ostentation de théories que d'autres se contentent de professer.

Si l'édifice matériel des temples réclame à bon droit les soins et la sollicitude d'un Evêque, il n'est pas l'objet le plus important auquel ait à s'appliquer son zèle. L'édifice spirituel des âmes doit par-dessus tout l'occuper. Ce devoir, ignorez-vous comment l'a rempli notre Evêque?

A la base de cet édifice immatériel il faut une foi éclairée et raisonnable, et non pas une foi aveugle. Aussi l'Eglise a-t-elle eu toujours à cœur de répandre parmi ses enfants toute lumière et toute instruction. Ce n'est pas en vain qu'elle est l'épouse de Celui qui, étant *la lumière vraie, illumine tout homme venant en ce monde* (1). Mais hélas! sa céleste lumière luit dans les ténèbres humaines et les ténèbres ne la comprennent pas. Comme son divin Fondateur, dans ce monde qu'Il a créé, et qui ne le connaît pas, elle est, dans nos sociétés chrétiennes, qu'elle a façonnées de ses mains; et celles-ci méconnaissent leur mère, jusqu'à vouloir la chasser, elle qui, par la connaissance et l'amour de Notre Seigneur Jésus-Christ, fait de tous ceux qui la reçoivent de véritables enfants de Dieu.

Tout pénétré de l'esprit de la sainte Eglise, votre Evêque ne négligera rien pour donner à ses diocésains ce trésor d'une foi aussi éclairée que sincère. Innombrables sont les écoles chrétiennes qui se sont élevées sous son inspiration et sous ses auspices, et où l'instruction humaine et divine, les connaissances du temps et celles de l'éternité sont largement et souvent gratuitement données.

Rendons ici hommage à ces congrégations, de noms divers, mais d'un zèle égal, qui sont venues à son appel, et qui, dans l'ardeur d'une sainte émulation, travaillent à répandre de tous côtés l'instruction chrétienne par leurs leçons et la vertu par leurs exemples. Et ne refusons pas un juste honneur à ces instituteurs et institutrices laïques, qui ont souvent rivalisé de dévouement et d'esprit chrétien, dans cette tâche importante et ingrate, avec les membres des congrégations religieuses. Dans sa tendresse impartiale, je ne puis le taire ici, il formait pour eux des

____

(1) Jean. I. 9.

projets qui, en mettant à leur disposition les secours religieux abondamment dispensés aux membres des congrégations, auraient augmenté leur puissance pour le bien, en
même temps qu'accru leur considération aux yeux des
peuples. Je veux parler des retraites annuelles auxquelles
il avait l'intention de les convier, lorsque la mort est venue
l'atteindre.

Non content de favoriser de toutes ses forces la diffusion
des bonnes écoles, il fit en sorte, partout où cela fut possible, qu'on leur assurât la durée et la perpétuité, par des
fondations régulières et entourées de toutes garanties utiles.

Et ce qu'il réalisa dans les humbles sphères de l'instruction primaire, il l'accomplit aussi dans les sphères plus
hautes de l'instruction secondaire, grâce à cette Liberté de
l'enseignement dont il fut toujours attentif à défendre les
conquêtes. On nous le rappelait naguère, et je n'ai pas à
le répéter ; mais ce que je veux remarquer ici, comme
nous l'avons remarqué déjà, au sujet de l'instruction
primaire, c'est la forte stabilité qu'il a su imprimer à ce
que l'on a appelé à juste titre une grande institution diocésaine. Il n'omit rien pour lui donner, chaque année,
des éléments plus puissants de vie et de durée, et la
mettre à même d'affronter avec succès les nobles luttes
qui se préparent dans l'avenir ; léguant en mourant, à
son diocèse, avec d'importants établissements, admirablement appropriés à leur but, tout un corps enseignant
qui s'efforce d'acquérir de plus en plus le double prestige
de la vertu et de la science, et de mettre au service des
jeunes générations ambitieuses de s'instruire l'expérience
unie au dévouement.

Quant à dire au prix de quels labeurs, de quelles sollicitudes du jour et de la nuit, il a obtenu ces résultats,
c'est en vérité difficile et comme impossible.

Quelle science d'administration il a déployée au milieu d'inextricables difficultés qu'il résout comme en se jouant! Quelle vue nette de la fin à obtenir! Quelle habileté à trouver les moyens! Quel ordre dans l'emploi et la distribution des ressources! Quelle attention vigilante à garder l'équilibre de toutes choses, pour que les créations du présent ne deviennent pas les entraves de l'avenir! Quelle calme possession de soi-même, pour tout juger et tout apprécier avec maturité et prudence, tout exécuter avec une sage lenteur, sans céder à aucun entraînement, sans obéir à aucune impatience, mais aussi sans reculer jamais devant aucun obstacle placé sur le chemin du but qu'il veut atteindre! Ceux-là seuls peuvent s'en faire une juste idée qui l'ont vu à la tâche, dans la réalisation de cette vaste et difficile entreprise, l'une des préoccupations les plus incessantes de sa vie, comme elle sera l'une des meilleures gloires de son épiscopat.

Est-ce tout? Non sans doute. Il sait que le Christ, lumière et amour doit vivre dans l'homme tout entier, qui est à son image et lumière et amour aussi; et, s'il lui prépare les esprits par la science unie à la foi, il veut lui donner les cœurs par la grâce et la charité.

Que n'aurais-je pas à dire ici si je voulais être complet? Toutes les œuvres du zèle apostolique qui peuvent contribuer à faire naître et à développer la vie de Jésus-Christ dans les âmes, à la renouveler ou à la ranimer quand elle s'est affaiblie ou éteinte, lui sont singulièrement chères.

C'est vous dire avec quelle maternelle sollicitude il encouragea et rendit fréquente la confession des petits enfants; fonda, multiplia, favorisa, autant qu'il était en lui, les retraites particulières ou collectives, paroissiales ou générales, les œuvres de toute nature qui sont, entre les mains du sacerdoce catholique , de si puissants moyens de communiquer, de conserver et d'accroître la vie chrétienne.

A toutes celles que l'on vous a déjà citées, je ne puis en vérité me défendre d'ajouter ces retraites d'enfants, où tant de petites âmes sont exhortées, éclairées, purifiées : où naguère, au dernier jour, sous les yeux de leurs parents attendris, tous ces petits anges recevaient, joyeux et fiers, les médailles bénies que leur Evêque et leur Père leur avait envoyées. Encore moins puis-je oublier la création de ces retraites pour les sourds-muets des deux sexes et d'un âge avancé, restés privés du bienfait de l'instruction, retraites dans lesquelles, à force d'industrie, de dévouement et de bénédictions divines on réussit, dans un court espace de temps, à donner à ces infortunés une connaissance suffisante de Dieu, de nos mystères, des sacrements, pour se confesser et communier.

Je devrais mentionner encore ces exercices extraordinaires des Jubilés, auxquels il prenait toujours un intérêt si vif, et dont il aimait à recevoir et à lire les comptes-rendus détaillés.

Mais ce qu'il faut citer surtout, au premier rang peut-être, parmi tout ce qu'il a tenté et réalisé pour la conversion et la sanctification des âmes, ce sont ces Missions décennales dont l'inestimable bien s'étend déjà presqu'à toutes les paroisses de ce grand diocèse. D'un seul coup et, pour ainsi dire, sans tâtonnement, il a fondé et établi cette œuvre avec une perfection d'organisation où il est permis de croire que l'avenir aura peu de chose à modifier. Par elle, il aura assuré, autant qu'il est humainement possible, dans son bien-aimé diocèse, la sanctification et le renouvellement des âmes, — comme par la solide organisation de l'enseignement il aura, suivant son pouvoir, assuré la diffusion d'une instruction et d'une science qui ne se sépareront pas de la foi.

Il me resterait maintenant à vous dire ce qu'il a fait pour répandre dans le diocèse de Nantes cette piété qui était en lui, envers le Dieu de l'Eucharistie et envers la très-sainte Vierge Marie. La piété catholique est en effet au temple spirituel des âmes ce que sont au temple matériel ces riches et précieuses décorations dont on couvre la nudité de ses colonnes et de ses murailles, ou ces parfums qu'on brûle autour de son autel.

Je devrais vous parler de ces paroisses nouvelles établies par lui avec tant de sagesse et dans des conditions prudemment ménagées de prospérité et de vie ; de ces nouveaux postes de vicaires créés et dotés, toutes les fois que l'étendue des territoires et l'accroissement de la population lui faisaient légitimement craindre que les âmes ne pussent plus recevoir avec assez d'abondance les soins spirituels dont s'alimentent la piété et les vertus chrétiennes. Sur toutes choses il redoutait d'entendre un jour le reproche du Pasteur éternel : *Les enfants ont demandé du pain et il n'y avait personne pour leur en distribuer* (1).

Je devrais vous parler aussi de ces instructions pastorales, d'un style élégant et facile ; mais toujours simples, pratiques, à la portée de tous, par lesquelles il s'efforçait, avec l'autorité de sa parole épiscopale, de disposer les cœurs à la conversion et d'y répandre les sentiments d'une vraie et solide piété. Mais ce serait être infini et il faut se borner dans cette tâche immense.

Aussi bien, puis-je passer sous silence ce qu'il a fait pour ceux qui furent les auxiliaires de son œuvre, par la

____

(1) Thren. IV. 4.

prédication, le ministère des Sacrements, la prière et l'exemple : son clergé et ses communautés?

Son clergé, il avait l'ambition de le voir instruit et saint. Il le voulait instruit, et toute institution déjà existante pouvant conduire à ce but, il se faisait un bonheur de la soutenir et de la développer ; toute idée nouvelle, favorable à la même fin, il l'accueillait, et, après mûr examen, la faisait sienne et travaillait à la réaliser. Non content d'avoir amélioré l'état matériel des Petits-Séminaires et collèges ecclésiastiques, et d'avoir obtenu de la générosité éclairée de l'Etat la construction de cet admirable Grand-Séminaire, que la plupart des diocèses de France pourraient nous envier, il mit ses soins à fortifier les résultats des études dans ces pépinières du sacerdoce. Les thèses publiques de théologie et de philosophie instituées, les examens des jeunes prêtres inaugurés et régulièrement pratiqués ; ces jeunes prêtres eux-mêmes stimulés à produire des travaux intéressants et sérieux; les conférences ecclésiastiques sans cesse excitées à répondre à la pensée qui les fit établir, rendront témoignage au zèle avec lequel il a cherché à entretenir et à fomenter de plus en plus, parmi ses prêtres, l'ardeur de l'étude et le goût de la science sacrée.

Son clergé, il voulait qu'il fût de tout point exemplaire et saint. Admirable fut, à cet égard, sa vigilance; et, par ses avis publics ou privés, par les salutaires influences de la retraite pastorale à laquelle, malgré son état de souffrance, il se fit, jusqu'à l'année dernière, un devoir d'assister, par la ferveur constante de ses prières, il prit à cœur de conserver et de développer parmi les membres de ce clergé les saintes traditions qu'il y avait trouvées.

Disons aussi que, sachant son désintéressement, il

n'omit rien pour épargner aux vétérans du sacerdoce les privations auxquelles les exposerait souvent une imprévoyance qu'on pourrait qualifier d'héroïque.

Ses communautés, il les voulait ferventes et dignes de leur sainte vocation. Tant qu'il en eut la force, il faisait sa joie de les visiter, de leur parler, de les bénir. Il se considérait et il voulait être considéré comme leur ami et comme leur Père. Il était heureux de les voir prospérer, et multiplier leurs moyens d'action. Il veillait sur leurs intérêts légitimes. Toujours elles rencontraient en lui, dans leurs difficultés, un conseil sûr et un appui dévoué. Le diocèse de Nantes lui devra d'en avoir augmenté le nombre ; et son Evêque, en lui donnant les humbles Filles de Sainte-Claire, — les auxiliatrices du Purgatoire, — les religieuses enseignantes de Chavagnes, — l'institution naissante des sœurs de l'Immaculée-Conception, — et enfin, tout récemment, les disciples de cet homme de Dieu, si vénéré dans nos contrées, le Père de Montfort, — aura accru d'autant le riche trésor d'œuvres parfaites, de prières, de science pieuse, de charité surnaturelle et de fervent apostolat, que moins d'un siècle a suffi pour former.

A ce clergé et à ces communautés, savez-vous ce qu'il a laissé comme magnifique et immortel abrégé de ses désirs et de ses ambitions pour eux : deux noms, deux souvenirs de saints dont il ressuscite la gloire et dont il nous lègue l'exemple avec leurs restes sacrés. Vous avez nommé saint Emilien, l'évêque courageux, restitué par lui à l'amour de ce diocèse qu'il avait autrefois gouverné ; et Françoise d'Amboise, la bonne et pieuse duchesse, béatifiée par ses soins : c'est-à-dire, d'une part la foi ardente et la vie sainte, le dévouement jusqu'à la mort à l'Eglise comme à la patrie, noble modèle pour son clergé ; et, d'autre part, la suavité dans la force, la pureté, la mortification , le détachement du monde et des créatures, l'amour souverain de Dieu, doux et séduisant modèle offert à ses communautés.

Si maintenant nous voulons savoir le secret de tant de choses accomplies avec une si misérable santé, il est dans ce que nous avons dit tout d'abord : en venant à nous, il se donna à nous tout entier ; il nous donna, avec son corps fragile, son âme forte et généreuse, et c'est cette âme qui a tout opéré.

On peut dire, avec vérité, qu'il s'était identifié avec nous ; et qu'à partir du moment où il fut entré dans le diocèse de Nantes, ce diocèse fut tout pour lui. Il semblait qu'il fût né Nantais. Il aimait le séjour, l'esprit, les habitants de son diocèse.

Il aimait ces familles qui, se rattachant plus étroitement au passé, gardent, comme un précieux héritage, de beaux noms, de grands souvenirs, et la tradition de ces inépuisables dévouements dont le vieux sang français a toujours été si prodigue. Il aimait ces autres familles, riches d'honneur et de probité, de vertus chrétiennes, d'intelligence et de savoir, qui se comptent en si grand nombre dans notre industrie, notre commerce et nos professions libérales. Les unes et les autres se souviendront de la grâce, de la courtoisie, de l'affabilité avec lesquelles, pendant longtemps, il leur ouvrit, chaque dimanche, son salon, dans la saison d'hiver. Il savait leurs alliances, les noms de leurs enfants et petits-enfants, leurs joies et leurs peines, et il y prenait une part dont on ne pouvait n'être pas touché. Il aimait ces classes laborieuses que l'Eglise a toujours tant aimées ; et, à peine arrivé dans le diocèse, il jetait vers elles ce cri de tendresse confiante : A moi les ouvriers !

Il aimait son clergé, dont, vers la fin de sa vie, il lui

fut si dur d'être forcément séparé, et dont il faisait rechercher les anciennes gloires dans les fastes sanglants de notre Révolution. Pendant vingt ans qu'il a été à sa tête, je ne sais s'il serait possible de rappeler une circonstance où il lui soit échappé de dire un mot à son désavantage. S'il avait des préoccupations ou des désirs, Dieu seul en recevait la confidence, et il ne s'en souvenait lui-même que pour prier ou pour agir avec opportunité.

Il aimait, dans le clergé, ces zélés missionnaires qui s'empressaient, avec tant de dévouement, sous son autorité, à évangéliser son diocèse, et à qui il fit cette résidence imposante et monumentale qui abrite leur vie studieuse. Il aimait ces fervents auxiliaires du clergé régulier, toujours prêts à le seconder pour le bien. Il vous aimait, saints religieux de Notre-Dame de Melleray, qui, par vos austérités, dans un siècle ennemi de la pénitence, confondez notre mollesse et expiez notre lâcheté.

Il aimait ses visites pastorales dont il revenait joyeux et comme fortifié. Il aimait les fêtes, les cérémonies, les réunions de tout genre auxquelles il était invité et où il imposait par sa dignité, édifiait par sa piété, ravissait par la grâce et l'à-propos de ses paroles.

Tout dévoué aux intérêts de ce cher diocèse, il travaillait à les servir, avec une assiduité infatigable, avec un dévouement de tous les instants, une étonnante appréhension de l'ensemble et du détail des choses, une prévoyance qui ne laissait que bien peu au hasard, une justesse de coup-d'œil qui, sur les affaires plus encore que sur les hommes, l'a bien rarement trompé. Joignons-y un caractère modéré, patient, ennemi des discussions irritantes, contenant avec soin sa vivacité naturelle : une pureté de motifs qui lui faisait juger toutes choses, à la lumière de la foi, et ne rechercher jamais que le plus grand bien : une fermeté que rien ne pouvait ébranler, quand il avait reconnu ce que Dieu et le devoir lui demandaient.

Ajoutons enfin, qu'à l'égard des autorités diverses avec lesquelles les exigences de l'administration diocésaine le mettaient en rapports journaliers, le calme et la mesure, dans la discussion des affaires, furent toujours scrupuleusement observés. La paix et la bonne harmonie ne reçurent jamais de préjudice des divergences ou même des oppositions les plus profondes d'idées et de manières de voir, qui parfois pouvaient se produire.

Je viens de tracer, trop rapide et trop imparfaite, l'esquisse de ce que fut notre Evêque dans le gouvernement du diocèse que Dieu lui avait confié.

J'aurai achevé de le peindre et de le louer, lorsque je vous aurai montré ce qu'il fut dans l'Eglise catholique.

III.

La vie d'un Evêque ne peut se concentrer dans les bornes étroites d'un diocèse. Elle est, à certains égards, catholique comme sa foi. Semblable à cette huile parfumée qui a coulé sur les mains et sur le front du Pontife, au jour de sa consécration, elle cherche sans cesse à se répandre et à étendre au loin sa douce et salutaire influence. Elle peut le faire sans crainte : la source à laquelle elle s'alimente ne sera jamais épuisée. Cette source, c'est Jésus-Christ.

Aussi plus elle s'épanche, plus elle veut s'épancher. Plus elle répand autour d'elle de lumières, de forces, d'amour, plus elle veut en répandre encore.

Et voyez comme il en est ainsi dans notre Evêque. Cette vie, qui est dans son âme, s'épanche bien au-delà des limites de la cité et du diocèse et fait sentir au loin son action. Pour lui, comme pour l'Eglise, il n'y a pas des peuples et des peuples, des races et d'autres races. Il n'y a que la grande famille des âmes rachetées sur le Calvaire, que l'Eglise voudrait rassembler dans une vaste et sublime unité. Rien d'humain ne lui est étranger, parce que rien n'est étranger à Jésus-Christ.

Si le moment de l'histoire était venu, nous pourrions en donner ici des preuves, qui montreraient à quel point sa haute sollicitude s'étendait véritablement à tout ce qui, dans le Pays et dans l'Eglise, est digne d'intéresser un Evêque : grandes questions, grandes infortunes, grandes renommées ; mais il n'est pas temps encore de rompre le silence sur ces choses, et nous ne parlerons que de ce qui peut être connu de tous.

S'agit-il d'ouvrir, sur quelque point de la France, un asile aux pauvres enfants abandonnés, pour les former aux rudes, mais saines habitudes de la vie agricole ? Faut-il porter secours à la détresse de nos concitoyens décimés ou éprouvés par tous les fléaux, soit dans nos colonies lointaines, soit au sein même de la mère-patrie ? Faut-il solliciter l'aumône catholique en faveur de ces pauvres Arabes, nos frères par la conquête, mais qui, ne l'oublions pas, pour être à jamais Français, ont besoin, avant tout, d'être chrétiens ? Veut-on ajouter de nouveaux fleurons à cette couronne de sainteté dont brille le front de la France, par les solennités de la béatification de Germaine Cousin et de la canonisation de Benoit Labre ? Songe-t-on, enfin, à relever de ses ruines une basilique autrefois célèbre dans l'Europe entière, sur la tombe même de l'illustre Pontife qui fut le modèle à la fois de l'épiscopat, du sacerdoce et de l'ordre monastique ? Toujours, pour y concourir, sa voix s'élève pressante et persuasive , et toujours elle est entendue.

Cette voix épiscopale, qui a des supplications puissantes à mêler à tous les appels charitables et à tous les cris de détresse de notre patrie, elle a de magnifiques paroles aussi pour s'associer à toutes ses gloires légitimes.

L'industrie et la civilisation modernes viennent célébrer à Nantes, au début de cet épiscopat, l'une de ces solennités dont elles ont raison d'être fières. Ce sont de nobles accents que ceux que fait entendre votre Evêque, à l'inauguration du chemin de fer de Nantes à Angers, en présence des dépositaires du Pouvoir et des représentants du Pays. Il y a là un hommage sincère à ce qui se trouve de réel et de bon dans la civilisation présente ; aux merveilles qu'elle opère par l'industrie et par la science, aux bienfaits et aux prospérités dont elle peut devenir la source. Mais en même temps, comme on y sent vibrer cet esprit chrétien et breton , qui a la conscience de sa force comme il a le respect de ses traditions.

Pendant les vingt années de l'épiscopat de Mgr Jaquemet, la France a plus d'une fois joué ce jeu sanglant des batailles, où elle fut toujours si redoutée. Le cœur tout français de notre Evêque cédait non moins à ses sentiments personnels qu'au vœu du Pouvoir, lorsqu'il priait ou faisait prier pour nos soldats, ou lorsqu'il conviait ses diocésains à chanter, dans nos temples, le cantique d'actions de grâces. Toutefois quand, dans ces hasards de la guerre, outre les dangers ordinaires qui suscitent sur ses lèvres l'expression éloquente de patriotiques émotions, il en entrevoit d'autres où une cause sacrée peut être compromise, ni sa tendre sympathie pour ceux qui combattent, ni l'éclat des triomphes espérés ou déjà obtenus ne pourront lui faire perdre de vue des éventualités funestes ; et il saura dire, avec une loyale franchise, aux conducteurs des peuples, de prendre garde aux suites de leurs victoires, et, à tout son diocèse, à quelles conditions il consent à y applaudir.

Mais telles sont les vicissitudes des choses humaines, qu'à ces fêtes de la paix, à ces enivrements de la victoire, viennent souvent succéder, dans la vie d'une nation, de grands deuils et parfois de grands crimes.

Qui, dans ces circonstances, sut mieux que votre Évêque s'attendrir, consoler, avertir avec amour ? Quel cœur de frère, de compatriote ou d'ami aura lu sans émotion ces lignes par lesquelles il annonçait à ses diocésains le naufrage de la frégate la *Sémillante,* lignes tout imprégnées de tendresse, de sympathie et d'espérances, et qu'une mère semblerait avoir dictées.

Et lorsque, dans Paris, séparés à peine par un intervalle de quelques années, deux grands attentats viennent épouvanter le monde et jettent mourant sur le pavé du sanctuaire le successeur de Mgr Affre, ou mettent brusquement en péril la vie du souverain, quel langage il fait entendre ! quelle vue haute et chrétienne des causes ! quelle affliction et aussi quels conseils !

Hors de France, pas une noble cause, pas un malheur public, pas une œuvre importante qui n'ait obtenu ses secours ou ses sympathies.

La Pologne, cette France du Nord, ce peuple martyr, à qui un siècle de persécutions et d'épreuves n'a pu arracher l'espérance, pas plus qu'il n'a pu nous accoutumer à nous résigner à ses malheurs, vient de subir des calamités nouvelles. Ses enfants exilés n'oublieront pas l'accueil qu'il a fait à leur infortune. Lorsque, dans cette chaire, une parole éloquente plaida pour eux devant nous, elle ne fit que traduire, dans ses cris émus, les généreuses sympathies de celui qui lui avait dit : Parlez !

Les massacres des chrétiens de Syrie retentirent douloureusement dans son cœur. Sans différer, il sollicite pour eux la prière et l'aumône ; et bientôt il envoie de larges secours à leur inexprimable détresse, et, à leurs églises dévastées, des vases sacrés et des ornements.

L'Irlande, à son tour, lui tend la main ; et, malgré la difficulté des circonstances, il ne se résigne pas à être insensible à son appel.

Plus d'un Evêque, dans les deux Amériques, sait ce qu'il a fait pour ces lointains diocèses, leur envoyant des prêtres d'élite qu'il veut toujours considérer comme ses enfants, ou recevant leurs propres sujets, dans ses séminaires et colléges, aux conditions souvent les plus généreuses, pour en former des prêtres instruits et pieusement exemplaires.

Les élèves de ses séminaires sont allés en grand nombre s'enrôler sous les étendards de tout dévouement apostolique ou se sanctifier sous toute règle parfaite.

L'œuvre par excellence des Missions, la Propagation de la Foi, l'œuvre de la sainte Enfance, l'œuvre de Saint-François de Sales, se maintiennent prospères ou font de nouveaux progrès. Le nombre des pieuses ouvrières de la sainte Eucharistie s'accroît ; et leurs travaux et leurs sacrifices vont enrichir au loin la pauvreté des églises et des sanctuaires, qui offrent au divin Sauveur un abri par trop indigne de sa Majesté.

Dans ces œuvres et dans beaucoup d'autres, il voit des moyens de servir l'Eglise de Jésus-Christ, d'étendre son action, d'accroître sa puissance pour le salut des âmes, de la glorifier dans l'univers, et dès-lors elles sont assurées de sa sollicitude et de son plus bienveillant intérêt ; car s'il est un sentiment qui soit dominant en lui, c'est un amour sans bornes de l'Eglise de Jésus-Christ.

On comprendra qu'il tressaillit de joie le jour où dans la ville métropolitaine , réuni à ses collègues en Concile provincial , il vit se rouvrir pour l'Eglise, dans des temps de liberté agitée qui eurent leurs profits et leurs périls , l'ère salutaire de ces saintes assemblées ; mais on comprendra aussi combien il se sentit ému le jour, où le Chef de l'Eglise, spolié de la plus grande partie de ses Etats par une ambition sans sincérité, comme sans scrupule , se vit menacé sur ce trône dix fois séculaire que la Providence lui avait donné. On ne voulait plus reconnaître que les siècles avaient fait cela et qu'ils avaient bien fait. Cette royauté temporelle des Papes, où l'Eglise catholique trouvait, dans la liberté souveraine de son Chef, la garantie de sa liberté , on voulait la renverser.

On vit alors un grand spectacle. L'épiscopat catholique se leva tout entier pour défendre son Chef et son Père. A l'avant-garde, dans cette phalange sacrée , l'épiscopat français parut debout et courageux , et je ne suis que vrai si je dis que Mgr l'Evêque de Nantes marqua sa place au premier rang.

On ne sait pas assez peut-être quelle force réside dans l'Episcopat. Il n'a pas d'armes à sa disposition et sa force matérielle est nulle ; mais sa force morale est immense ; car elle s'appuie sur deux choses avec lesquelles on aura toujours à compter, les lumières et la vertu. Ajoutons pour ceux qui croient, et nous sommes tous de ce mombre, que Dieu aussi lui sert d'appui. Or, cette force morale passe , pour ainsi dire , entière dans chaque membre du corps épiscopal, lorsqu'il se tient uni à ses frères, dans la communion de la foi, de la justice et de la charité. C'est, à nos yeux, l'un des sens dans lesquels se vérifie cette belle parole : *l'épiscopat est un.* Et voilà ce qui a rendu si grand quelquefois même un Evêque isolé.

« En vérité, jamais jusqu'ici on ne m'a parlé avec une telle hardiesse, disait le préfet Modeste à l'Evêque de Césarée. Peut-être aussi, lui répondait saint Basile, n'avez-vous jamais rencontré d'Evêque; autrement il vous eût parlé de la même manière, entrant en lutte pour la même cause. Préfet Modeste, en toute autre occurrence nous sommes doux, paisibles et humbles, non-seulement à l'égard des princes de ce monde, mais à l'égard des plus petits et des derniers parmi le peuple ; mais, si la cause de Dieu est en péril, alors regardant tout le reste comme rien, nous ne voyons plus que Lui. »

Je viens de dire, en ces paroles, ce que fut notre Evêque dans les circonstances difficiles que la Papauté a traversées et traverse encore aujourd'hui.

Je ne crains pas de l'affirmer ici bien haut. Jamais un calcul de politique humaine, une complaisance ou une antipathie personnelles pour des idées ou des aspirations étrangères à l'intérêt suprême de la Religion n'inspirèrent ses actes d'Evêque. Il se fût plutôt résigné aux jugements les plus sévères, aux accusations les plus injustes, que de sortir, pour un pareil but, de la réserve qu'il aimait ; mais quand il vit la paix de l'Eglise et la sécurité de son Chef mises en péril : quand il vit les doctrines les plus étranges proclamées, les actes les plus odieux sanctionnés, il se souvint des instructions qu'il reçut au jour de son sacre : *Aimer l'humilité, mais aussi la vérité, et n'en jamais abandonner la cause, séduit par la louange ou effrayé par la menace ; ne pas appeler la lumière ténè-bres, et les ténèbres lumière ; ne pas donner au mal le nom de bien, et au bien le nom de mal.* Et, fort de ce souvenir, rien ne put l'empêcher d'agir et de parler.

A cette royauté appauvrie du Chef de l'Eglise catholique, son diocèse envoya , chaque année, par ses mains, le tribut de son or ; et vous n'ignorez pas combien fut grand le nombre de ceux qui , enflammés par ses pressants appels, vinrent lui demander de les bénir, et s'en allèrent ensuite offrir à Pie IX le tribut de leur sang, qui devait être trop tôt versé.

Quand ces jeunes et héroïques défenseurs d'une cause sainte, mais abandonnée, tombèrent, aux champs de Castelfidardo, écrasés plutôt que vaincus, et plus glorieux dans leur défaite que les vainqueurs dans leur triomphe, quels pleurs il versa sur eux ! Quels hommages à la mémoire des plus humbles comme des plus renommés ! C'est avec fierté et avec tendresse qu'il parle de leur illustre chef, qui, mis bientôt après en rapport plus intime avec lui, comprendra vite quelle grande âme s'enveloppe dans ce faible corps.

C'est avec une éloquence indignée qu'il flétrit l'iniquité sacrilége momentanément triomphante. C'est avec une autorité qui subjugue, que , dans un enseignement concis et énergique, au milieu de ces nuages que l'erreur et la malveillance s'efforçaient d'amonceler, il jette, comme des éclairs, ces maximes et ces principes qui illuminent d'un seul coup un esprit juste et sincère :

« La force ne constitue pas le droit.

» Le succès ne justifie rien.

» La félonie et la trahison sont de mauvais appuis d'un » trône.

» Les rois et les puissants ont au ciel un juge sévère, » qu'on n'apaise pas en appelant la violence contre les » faibles du nom de raison d'Etat.

» Dieu est patient, parce qu'il est éternel. »

La noble France pouvait entendre ce langage. Protectrice née de la Papauté et voulant être fidèle à sa mission, elle n'était pas complice de ces injustices et de ces audaces : votre Evêque le savait. Les services qu'elle rendait au Saint-Siége et qu'elle lui rend encore aujourd'hui ne le trouvèrent jamais ingrat, mais le firent plus confiant pour lui rappeler ses devoirs et stimuler son dévouement.

Quand vinrent, enfin, pour la Papauté les jours d'un éclatant triomphe, comme il sut bien mêler, sur la tombe de ceux que la mort avait ensevelis dans la victoire, l'admiration, la prière et la reconnaissance pour tous ceux qui combattaient avec eux !

Vous n'assistiez pas à ce triomphe qui pourtant, à le bien prendre, était votre œuvre, magnanime héros, que Dieu avait jugé assez grand et assez saint pour n'avoir part qu'à la défaite. Vous le vîtes du haut du ciel où déjà vous étiez monté. Ah ! qui pourrait oublier le jour où, dans ce temple, voilé comme aujourd'hui, nous célébrâmes votre deuil ! Un Evêque, et quel Evêque ! vous loua dans cette chaire. Sous ses yeux quelle assemblée illustre ! Dans cette foule immense de concitoyens, d'amis, et d'admirateurs, il pouvait entrevoir de loin, comme enveloppée dans sa douleur, cette femme forte et cette mère admirable, à qui Dieu a semblé réserver tous les deuils et tous les sacrifices. Quelques années se seront à peine écoulées, qu'il nous sera donné de la revoir, dans une foule presque semblable, aux obsèques de notre premier Pasteur. Quand le silence et la solitude se seront faits, dans le vaste temple, elle ne s'éloignera pas encore. Elle restera là, à genoux, pensant peut-être à une autre tombe qui va bientôt s'ouvrir, priant et pleurant, jusqu'à ce que la froide dalle ait caché pour jamais à nos regards celui qui avait tant aimé et tant glorifié son époux. Mon Dieu, que vos desseins sont impénétrables ; et, dans certaines circonstances, que de glaives vous enfoncez à la fois dans un pauvre cœur humain !

Après ce que nous avons dit de ce qu'a fait notre vénérable Evêque pour la défense du pouvoir temporel du Chef de l'Eglise et la glorification de ses défenseurs, est-il nécessaire de dire ici ce qu'il a fait pour rendre hommage à son pouvoir spirituel ? Mais ce pouvoir spirituel, c'était lui qu'il entendait défendre, en se montrant si ardent à la défense de la royauté terrestre. Non ! ce n'est pas un coin de terre qu'il s'agissait avant tout de sauver, c'était le libre exercice du pouvoir souverain de lier et délier, auquel il fallait garder ces garanties que les siècles et la Providence lui avaient données. Pasteur à l'égard de son troupeau ; mais, brebis à l'égard de Pierre, notre Evêque eut toujours pour le Chef de l'Eglise une amoureuse et filiale soumission.

Lorsqu'au milieu de son épiscopat, il inaugura, parmi nous, le retour de cette antique et belle liturgie romaine, qui fut la prière de nos aïeux, que fit-il, sinon s'inspirer des désirs bien plus que des ordres de Notre Pontife bien-aimé ?

Chaque fois que se produisit un de ces actes mémorables qui marqueront d'un sceau immortel le pontificat de Pie IX, notre Evêque fut toujours l'un des premiers à s'y associer, avec un cœur respectueux et avec une ardeur joyeuse. Soit que Pie IX élève la voix pour proclamer, aux applaudissements de toute l'Eglise, le dogme de la Conception-Immaculée de Marie ; soit qu'il adresse au monde entier des protestations nécessaires contre les injustices dont il est la victime ; soit surtout que, du haut de la chaire apostolique, il signale à tous les chrétiens, dans un document demeuré célèbre, les erreurs du siècle présent; sans hésitation, sans respect humain, sans crainte, notre Evêque s'empresse de promulguer, dans son diocèse, les enseignements de l'Eglise, Mère et Maîtresse, et il sait, au besoin, se plaindre, avec dignité, des entraves momentanées apportées à la libre diffusion de la vérité.

Et de même qu'il s'incline devant l'enseignement du siége apostolique, il remplit fidèlement aussi le devoir de soumettre ses propres actes au jugement de cette sagesse suprême.

Ce fut une grande joie dans sa vie, quand il lui fut donné de revoir, comme Evêque, cette ville éternelle que déjà, vicaire-général d'Aix, il avait été heureux de pouvoir visiter, et dont il avait rapporté de douces et ineffaçables impressions.

Pie IX allait partir pour ce voyage triomphal dans les Marches et l'Ombrie, que devaient suivre de si près les trahisons et les infidélités. L'Evêque de Nantes put voir encore l'Evêque de l'Eglise universelle, se prosterner à ses pieds, lui renouveler ses serments de fidélité et d'amour, s'entretenir longuement avec lui, et recevoir avec ses bénédictions tous les témoignages de sa confiance et de la plus vive tendresse. Il ne devait pas le revoir.

Dans cette foule innombrable d'Evêques réunis autour de Pie IX, aux fêtes de la canonisation des martyrs du Japon et aux fêtes du Centenaire, notre Evêque ne se trouvait pas : Dieu multipliait pour lui les occasions du sacrifice, dont le désir et l'amour se retrouvent si souvent dans ses correspondances intimes et dans ses actes, depuis le jour de son sacerdoce. Du moins il voulut prendre part aux manifestations solennelles qui se produisirent alors, par des lettres et des adresses remplies des sentiments les plus purs et les plus vifs d'un dévouement toujours croissant pour le Vicaire de Jésus-Christ.

Le cinquantième anniversaire du sacerdoce de Pie IX lui donna lieu d'en renouveler publiquement l'expression, en présence de tout son diocèse, dans des termes d'une sensibilité non feinte et d'une délicatesse pleine de charme.

Cet acte de piété filiale devait être l'un des derniers d'un épiscopat si rempli, et cette vie touche à son terme. Il y a longtemps déjà, suivant toute apparence, que, dans les conditions ordinaires de l'épiscopat, ce terme aurait été atteint. Depuis dix ans bientôt, la frêle constitution de Mgr Jaquemet avait subi des ébranlements auxquels on s'étonnait qu'il n'eût pas succombé.

Si, néanmoins, il nous a été conservé, nous le devons à Dieu tout d'abord; mais, après Dieu, nous vous le devons, Monseigneur. Je tardais à le dire, sachant que je parlais devant vous; mais vous seriez le seul à ne pas me reprocher de m'être tu.

Dans ces dix années, pendant lesquelles vous n'avez reculé devant aucune fatigue pour venir en aide à votre frère et à votre ami, vous n'avez pas seulement épargné à sa faiblesse des travaux dont elle n'était plus capable, vous avez épargné à son âme des souffrances morales qui l'auraient brisée.

C'est par vous qu'il a vécu; et son diocèse tout entier dira, avec reconnaissance, que, si l'effusion, dans les âmes, des grâces et des dons de l'Esprit-Saint n'a pas été un seul instant interrompue, c'est à vous qu'en est dû le bienfait.

Maintenant, Monseigneur, vous qui l'avez aidé à vivre, je vous convie à le voir mourir; car, si la mort du juste a des tristesses qui en sont inséparables, elle a aussi des consolations et des enseignements.

La vie physique se retire peu à peu de ce corps amaigri et épuisé ; mais l'âme forte qui l'a soutenu jusqu'ici de son énergie incomparable, il semble qu'elle vit plus que jamais de cette vie dont nous avons vu les œuvres. Il nous semble le voir devenir chaque jour plus saint dans sa vie intime, plus pasteur dans son diocèse, plus Evêque dans l'Eglise.

Tous ses exercices de piété sont continués, malgré l'affaiblissement et la souffrance. Ne pouvant plus célébrer le saint-sacrifice, il se nourrit chaque matin de ce pain des anges qui adoucit toute amertume et soutient toute fragilité. Sa patience est inaltérable. Pas une plainte ne vient à ses lèvres. Sa bonté pour les siens s'accroît encore. Si, dans un moment de surprise, il n'a pas accédé à quelque désir légitime, il se le reproche bien vite et s'efforce de réparer un mouvement involontaire, avec une grâce qui attendrit.

La foi lui donnera des inspirations touchantes. Lorsqu'il n'aura plus la force de se traîner jusqu'à la chapelle, il fera ouvrir la porte de son appartement qui en est la plus rapprochée, et, se tournant de ce côté, il adorera de loin le Dieu qu'il ne peut plus visiter.

Il ne veut pas quitter la terre sans avoir vu, réunie autour de lui, cette famille selon la nature qu'il avait si tendrement aimée ; mais il veut qu'auparavant il ait pu accomplir, dans tout le calme et la liberté sereine de son esprit, ces grands actes de la vie chrétienne, qui ont pour but de nous préparer plus immédiatement à l'éternité. Cela fait, il sera heureux de voir ses proches et de les bénir. Il aura des mots pleins de douce affection pour ceux qui sont présents et un souvenir pour chacun des absents. Puis il se hâtera de se retourner vers Dieu, pour se préparer à mourir dans la plus entière soumission à son adorable volonté.

A ce travail de sanctification personnelle, il joindra, presque jusqu'au dernier jour, le travail assidu de sa charge pastorale.

Cinq ans auparavant, lorsque, le jour de l'Immaculée-Conception, un effroyable accident faillit l'enlever brusquement à notre amour : « J'aurais encore besoin de cinq années de vie, » disait-il à l'excellent docteur qui lui a donné ses soins jusqu'à la fin, avec tout le dévouement d'un ami.

Comme s'il avait le pressentiment que ce terme ne sera pas dépassé, depuis longtemps déjà il parcourt lui-même, les unes après les autres, les vastes collections de documents dont il s'est entouré dans sa solitude, pour suivre de plus près les affaires importantes qui concernent son diocèse. Il s'assied de longues heures à sa table de travail. Il repasse toutes choses, fait donner suite à toute affaire qui ne serait pas terminée ; puis classe tout, avec un ordre nouveau et parfait. Chaque jour, il adresse des notes sur les objets les plus divers et forme des projets pour l'achèvement des œuvres commencées.

A peine quelques jours avant sa mort, il couvre de longues pages du développement de ses idées sur une entreprise importante. Le but, les moyens, les époques, tout cela est énoncé avec précision et clarté ; et aujourd'hui, pour réaliser l'œuvre, il n'y aurait qu'à suivre pas à pas les indications qu'il a tracées.

Au milieu de ces occupations diverses, il n'oublie pas le grand évènement qui s'approche. Successivement il adresse à ses diocésains deux instructions pastorales pour les éclairer sur la nature et le but du Concile œcuménique, leur dire sa douleur de ne pouvoir y assister, les inviter à appeler les bénédictions de Dieu sur la sainte Assemblée par la prière et la pénitence. En même temps, il les exhorte à se préparer aux grâces divines, dont Pie IX vient, une fois de plus, d'ouvrir la source, par la publication d'un Jubilé.

Ce serait le moment de vous rappeler ce jour mémorable du 21 novembre, fête de la Présentation de la très Sainte Vierge, et 21e anniversaire de la nomination de Monseigneur à l'épiscopat ; cette administration solennelle des derniers Sacrements ; ce clergé de l'église cathédrale et ces prêtres des paroisses de Nantes prosternés aux pieds de leur Evêque, et renouvelant, à son lit de mort, ces promesses de la consécration cléricale, qui leur donna Jésus-Christ pour la part de leur héritage et de leur calice.

J'aurais à vous redire ce témoignage que notre Pasteur et Père put se rendre à lui-même, en présence de l'Hostie sainte : « Que, depuis le premier jour de son épiscopat, il n'avait eu d'autre désir que de consacrer son existence à son diocèse ; et qu'en mourant il offrait sa vie de grand cœur à Dieu pour le salut de toutes les âmes qui lui étaient confiées. »

Je devrais vous rappeler encore ces protestations de foi, d'amour et d'obéissance, qu'en fils dévoué de Pie IX il transmet au saint Pontife en lui demandant sa bénédiction paternelle.

Mais ces souvenirs touchants sont maintenant dans toutes les mémoires. A partir de ce moment, l'éternité, l'Eglise, le Concile qui s'approche, sont les seules pensées qui l'occupent. L'agonie ne tarde pas à commencer ; car comment appeler d'un autre nom ces huit jours qui précédèrent celui de sa mort ? Le soir de l'Immaculée-Conception, à cet état de cruelles angoisses dont il souffre sans repos succèdent soudain le recueillement et la paix. Il interrompt alors un silence dont il ne sortait plus : Qu'avez-vous appris du Concile, dit-il ; et ceux qui veillent près de son lit peuvent lui répondre : « Monseigneur, le Concile s'est heureusement ouvert et la sainte Eglise, assemblée sous la présidence de son chef, a commencé son œuvre aux applaudissements du monde. »

Ce qui se passa alors dans l'âme de l'Evêque, qui, peu de jours auparavant, offrait sa vie pour le Pape, pour l'Eglise et pour le Concile, Dieu seul le sait ; mais bientôt les derniers liens qui le rattachaient à la terre furent brisés, et enfin il se reposa dans la mort.

Dans la mort, qu'ai-je dit….? O mon Evêque et mon Père! c'est au sein d'une vie immortelle et glorieuse qu'aujourd'hui vous vous reposez.

L'Eglise militante ne vous verra pas siéger dans ses solennelles assises ; mais l'Eglise triomphante vous a reçu dans les rangs de ces grands et saints Evêques qui ont ici-bas bien servi sa cause et les âmes. De ce séjour de paix sans mélange d'aucune inquiétude, ô Evêque et Pasteur, veillez. Veillez sur tout ce que vous avez aimé sur la terre. Veillez sur cette pieuse famille qui ne cessera de vous pleurer. Veillez sur ce diocèse et sur ces âmes dont vous prîtes soin si longtemps. Veillez, et que, par vous, Dieu garde à vos bien-aimés diocésains la foi, la piété, les vertus chrétiennes, que vous aviez l'ambition de conserver et d'accroître parmi eux. Veillez sur ce clergé qui doit les conduire au ciel par l'enseignement et par l'exemple, afin qu'il soit toujours digne de l'amour que vous aviez pour lui.

Et nous, Chrétiens, au moment de quitter le saint lieu, après avoir mêlé pieusement, sur la tombe de celui qui fut notre guide, nos hommages et nos prières, souvenons-nous qu'il nous reste à remplir un dernier et important devoir : mettre en pratique les enseignements que nous avons reçus.

Fidèles, qui m'écoutez, votre Evêque accepta de grand cœur la mort pour le salut de vos âmes. Ces âmes, vous travaillerez à les sauver, afin qu'au dernier jour les brebis ne soient pas séparées du Pasteur.

Pour nous, ô Mes Frères dans le sacerdoce, pourrions-nous oublier jamais les exemples de vie sainte, de zèle des âmes et d'amour de l'Eglise que notre Evêque nous a donnés? Ah ! les temps sont difficiles, les périls sont nombreux, et le fardeau d'immenses devoirs, unis à tant d'épreuves moins que jamais consolées, nous paraît souvent bien lourd ; mais si, ce qu'à Dieu ne plaise, nous sentions un jour notre dévouement s'attiédir, et notre courage s'ébranler, que ferons-nous, Frères bien-aimés? Nous placerons, par la pensée, sous le regard de notre âme défaillante, cette croix et cet anneau de l'Archevêque martyr, que notre Evêque nous a légués, et que nous-mêmes nous avons baisés tant de fois. Nous invoquerons à genoux ces grands et saints Pontifes qui nous ont laissé ces souvenirs et ces reliques du sacrifice, et nous nous relèverons plus forts, pour marcher jusqu'au bout dans la voie qu'ils nous ont tracée. C'est la voie qui conduit au ciel, où notre Evêque nous attend, pour être sa couronne pendant toute l'éternité.

Nantes. Mᵐᵉ vᵉ C. Mellinet, Imprimeur de l'Évêché.